Disney

WISH

ASHA ET LA BONNE ÉTOILE

hachette
JEUNESSE

Directeur : Timothée Le Mière ; Responsable éditoriale : Adélaïde Lebuy ;
Responsable artistique : Mélissande Mestas ; Fabrication : Marine Wiplier ;
Graphiste : Glen Le Boulicaut ; Édition : Naïma Timzouert ;
Suivi éditorial : Stéphanie Go ; Adaptation des textes : Emmanuelle Caussé ;
Mise en page : Céline Trouvé ; Relecture : Catherine Rigal

Édité par Hachette Livre – 58, rue Jean Bleuzen – 92178 Vanves Cedex
Imprimé par Macrolibros en Espagne – Achevé d'imprimer : novembre 2023
ISBN : 978-2-01-720848-8 – Édition : 01 – Dépôt légal : novembre 2023

Loi n°49-956 du 16 juillet 1949 sur les publications destinées à la jeunesse.
Pour tout renseignement concernant nos parutions, nous contacter
par e-mail : disney@hachette-livre.fr

Pour l'éditeur, le principe est d'utiliser des papiers composés de fibres naturelles, renouvelables, recyclables et fabriquées à partir de bois issus de forêts qui adoptent un système d'aménagement durable. En outre, l'éditeur attend de ses fournisseurs de papier qu'ils s'inscrivent dans une démarche de certification environnementale reconnue.

Chapitre 1

Le Royaume des Vœux

Il était une fois un royaume appelé Rosas. Située sur une île lointaine, cette cité a été fondée par un roi aux pouvoirs incroyables. En effet, ce magicien possède le don d'exaucer les vœux.

Des personnes en provenance du monde entier se sont ainsi installées à Rosas, dans l'espoir de voir, un jour, leurs rêves se réaliser. C'est pourquoi cet endroit merveilleux, où l'impossible devient possible, est aussi connu sous le nom de Royaume des Vœux.

Non loin de la ville se trouve une maisonnette dans les bois. C'est là qu'habite une jeune fille nommée Asha. Elle vit avec son grand-père, *Saba* Sabino, sa mère Sakina et Valentino, leur chevreau de compagnie.

Le jour du centième anniversaire de Sabino, Asha s'active dans la maison.

– Cela ne peut pas être une coïncidence que le roi organise une cérémonie des vœux aujourd'hui, dit-elle en embrassant la joue de son grand-père.

La jeune fille espère que le vœu du vieil homme sera enfin exaucé.

– Viens m'aider à préparer le gâteau d'anniversaire, lui demande sa mère.

Mais, plutôt que de donner un coup de main à sa mère, Asha réfléchit à une excuse pour s'éclipser rapidement. Devant son comportement suspect, Sakina insiste, sentant que sa fille lui cache quelque chose.

– Je dois filer, l'interrompt l'adolescente, sinon je vais être en retard pour ma tournée de guide. Nous nous verrons à la cérémonie des vœux !

Accompagnée de Valentino, Asha court sur les quais où un groupe de touristes l'attend. Tout en leur montrant les monuments de Rosas, elle leur explique qu'à l'âge de dix-huit ans, les habitants ont la possibilité de participer à une cérémonie spéciale. Ils confient leur vœu le plus cher au Roi Magnifico. Aussitôt, ils oublient leur souhait, mais le souverain le conserve pour eux en lieu sûr. Puis, chaque mois, il exauce le vœu d'un citoyen chanceux. La prochaine cérémonie se déroulera ce soir.

– Et vous êtes tous invités à y participer ! conclut-elle.

Asha se rend ensuite dans les cuisines du château pour y retrouver ses meilleurs amis.

– Mon entretien a lieu dans une heure, gémit-elle.

Elle n'a encore rien dit à sa famille, mais ses camarades savent qu'elle a postulé pour devenir la nouvelle apprentie du roi. Afin d'apaiser son angoisse, Dahlia, qui est cuisinière, lui propose un gâteau.

À cet instant, Simon, endormi sur la table, s'éveille de sa sieste.

– Miam, des biscuits, dit-il d'une voix ensommeillée.

À ces mots, les autres adolescents qui travaillent en cuisine abandonnent leurs tâches. Gabo, Dario, Safi, Hal et Bazeema sont incapables de résister aux douceurs préparées par Dahlia !

S'ils soutiennent tous, dans l'ensemble, le projet d'Asha, Gabo, lui, émet quelques réserves. Il est sûr que la jeune fille veut occuper cette position pour aider les membres de sa famille à réaliser leurs vœux. En plus, ses dix-huit ans approchent. Mais quelque chose ne tourne pas rond dans ce système…

En effet, depuis que leur ami Simon a confié son vœu à Magnifico, il n'est plus comme avant. Il ne fait que dormir et est devenu ennuyeux.

– Ce n'est pas ta faute, le rassure Gabo. Les gens ressentent tous cette fatigue une fois qu'ils n'ont plus leur vœu dans leur cœur…

Chapitre 2

L'entretien d'Asha

Alors qu'Asha continue de discuter avec ses amis, la Reine Amaya vient la chercher pour son entretien.

Elle conduit la jeune fille vers le bureau du roi. En chemin, la souveraine lui avoue qu'elle souhaiterait que ce soit elle qui devienne la prochaine apprentie.

– Ton attachement à ce royaume et à son peuple est évident, ajoute-t-elle. Tu possèdes une générosité qui est l'essence même de Rosas !

Touchée par le soutien que lui exprime la reine, Asha reste muette.

Ensuite, seule dans le bureau, la jeune fille attend l'arrivée de Magnifico. Elle observe les bibliothèques qui ornent les murs, quand son regard s'arrête sur un livre de sortilèges, enfermé dans une vitrine. Intriguée par l'ouvrage, elle s'apprête à le toucher quand...

– Asha, ce livre est interdit ! l'arrête une puissante voix derrière elle.

Le roi vient d'entrer.

– Dans ce cas, pourquoi le possédez-vous ? laisse échapper la jeune fille.

– Parce qu'un roi doit être prêt à se protéger contre toutes les menaces...

Magnifico commence l'entretien en lui demandant d'évoquer un de ses souvenirs d'enfance.

Le premier qui vient à l'esprit d'Asha est celui concernant son père. Elle est assise sur la branche d'un arbre et elle observe les étoiles avec lui. Il est mort quand elle avait douze ans.

Devant sa franchise, le souverain révèle que lui aussi a subi une perte douloureuse au cours de son enfance. Personne ne devrait voir ses rêves détruits !

– Voilà pourquoi j'agis ainsi, lui explique le roi.

– C'est pour cela que je veux travailler pour vous, confirme Asha.

– Suis-moi, lui répond Magnifico, impressionné par sa détermination.

Il conduit la candidate dans un observatoire empli de globes de lumière qui flottent dans la pièce.

– Voici les vœux des habitants de Rosas, annonce-t-il.

Émerveillée, Asha contemple les bulles de vœu qui irradient de vie. Au sein de chacune est nichée une vision du rêve de la personne qui a confié son souhait.

– Les gens croient que les vœux ne sont que des idées, poursuit Magnifico. Mais ils contiennent une partie de leur cœur, la plus importante ! Il faut donc les protéger à tout prix.

Asha approuve. Comme elle aimerait contribuer à ce travail essentiel ! Soudain, elle aperçoit le souhait de Sabino.

– Votre Majesté, ceci est le vœu de mon grand-père. C'est son anniversaire aujourd'hui : pourriez-vous envisager de l'exaucer ?

Mais pour le roi, c'est impossible : il considère le vœu de Sabino comme un risque pour les générations futures.

Magnifico ne sélectionne que les souhaits qui sont bénéfiques à son royaume. Et la plupart ne pourront donc jamais être exaucés…

– Dans ce cas, pourquoi ne rendez-vous pas ces vœux à leurs propriétaires ? s'étonne-t-elle.

– À quoi bon ? Ils ne pourraient de toute façon pas les réaliser. Moi, au moins, je leur donne de l'espoir !

La jeune fille est de plus en plus troublée par le discours du roi. Jamais elle n'avait envisagé les choses de cette façon.

– Je ne comprends pas en quoi cela aide les gens, reprend-elle. En conservant leurs vœux ici, vous les privez de la partie la plus importante de leur cœur ! Nous devrions tous avoir la chance de poursuivre nos rêves par nous-mêmes.

– Non, je suis le roi et je décide qui mérite de voir son vœu exaucé, conclut sévèrement Magnifico.

Chapitre 3

Une cérémonie sans espoir

L'entretien est interrompu par Amaya, venue les prévenir que la cérémonie va commencer.

Asha suit les souverains dans la cour du château où se pressent déjà les habitants de Rosas. Magnifico fait asseoir la jeune fille près de son épouse, sur l'estrade. Lorsque la cérémonie débute, il recueille les vœux de deux citoyens. Pour la première fois, Asha remarque la tristesse sur leur visage une fois leur souhait confié.

Il est maintenant l'heure pour le souverain d'inviter sur scène la personne dont il exaucera le vœu !

Les spectateurs retiennent leur souffle, persuadés que Sabino sera l'heureux élu. Mais le roi appelle quelqu'un d'autre. Quelle immense déception pour le vieil homme et sa famille !

À la fin de la cérémonie, Magnifico annonce à Asha qu'elle n'est pas embauchée comme apprentie.

– Ne t'inquiète pas, murmure-t-il froidement, je continuerai de protéger les vœux de ton grand-père et de ta mère... pour toujours !

De retour chez elle, Asha écoute les deux adultes parler de la prochaine cérémonie. Sakina rassure le vieil homme : elle espère que son vœu sera enfin exaucé à ce moment-là. Seule Asha est consciente que cela n'arrivera jamais. Elle révèle à sa famille que, selon Magnifico, le souhait de Sabino est trop dangereux !

– Mais de quel droit se permet-il d'en décider ? s'énerve la jeune fille.

Son grand-père fait confiance au roi, ce dernier fait ce qui est le mieux pour son peuple. Mais alors, pourquoi retient-il les vœux captifs, sans tous les réaliser ?

– Mon enfant, ça suffit, tu me fais de la peine ! l'arrête cette fois son grand-père.

Bouleversée par leur conversation, Asha préfère s'enfuir, Valentino sur les talons.

La jeune fille est révoltée par l'injustice que vivent les habitants de Rosas. Non seulement leurs souhaits ne seront probablement jamais exaucés, mais en plus, ils sont privés de la possibilité de les réaliser seuls, sans l'aide du roi ! Asha est convaincue que les citoyens méritent mieux que l'illusion d'espoir donnée par Magnifico.

En observant le ciel nocturne, elle constate qu'une étoile brille plus que les autres. Suivie de Valentino, elle grimpe sur la branche où elle aimait aller avec son père. Elle fixe l'astre, avant de lui confier son plus grand rêve : elle souhaite que chacun ait la chance de réaliser son vœu par lui-même.

Soudain, un immense rayon de lumière traverse tout le royaume ! Quand il éclaire Sabino et Sakina, ils se sentent submergés par une vague de bonheur. La lueur continue à se répandre sur la cité, diffusant des ondes de joie pure.

Cependant, dès que la lumière atteint son observatoire, Magnifico est saisi d'un sentiment de panique. Lorsque les bulles de vœu se mettent à étinceler et à tourbillonner, il perçoit ce phénomène comme une menace...

Pendant ce temps, Asha et Valentino descendent de l'arbre, émerveillés.

– Qu'est-ce que c'était ? s'interroge la jeune fille.

Son compagnon répond d'un bêlement sonore.

– Toi aussi, tu l'as ressenti, comprend Asha.

Une traînée brillante passe alors devant eux. Par jeu, le chevreau se lance à sa poursuite.

– Valentino ! le rappelle Asha en courant derrière lui.

La boule lumineuse tourne en rond, puis s'emmêle dans un pyjama suspendu à un étendoir. Fascinée, la jeune fille essaie de l'attraper, mais la mystérieuse créature s'échappe, effilochant le vêtement dans sa fuite. Il ne reste plus qu'un long fil rouge entre les mains d'Asha.

Chapitre 4

L'apparition d'une étoile

De plus en plus intriguée, la jeune fille suit la piste du fil jusque dans une clairière où l'être de lumière joue avec Valentino.

Poussés par la curiosité, les animaux de la forêt se rassemblent pour observer la scène. Quand la petite boule s'arrête enfin, Asha la salue.

– Qui es-tu ? demande-t-elle.

Utilisant le fil de laine, la créature dorée dessine une forme familière entre les branches d'un arbre.

– Tu ressembles à… une étoile !

Star acquiesce en souriant. À cet instant, la jeune fille reconnaît l'astre à qui elle a confié son vœu un peu plus tôt !

Quand l'être brillant saupoudre de la poussière lumineuse sur Valentino, un autre phénomène magique se produit soudain :

– Je parle ! s'écrie le chevreau avec excitation. Et en plus, j'ai une voix de velours, constate-t-il, ravi.

Puis Star répand de la poussière magique sur les animaux de la forêt, les arbres et les champignons, qui se retrouvent à leur tour doués de parole !

Les arbres et les animaux expliquent à la jeune fille que les êtres vivants sont en réalité connectés les uns aux autres, car ils ont tous de la poussière d'étoile en eux.

Une idée vient subitement à l'esprit d'Asha.

– Exauces-tu les vœux ? demande-t-elle à Star.

En guise de réponse, l'étoile se retourne, la tête en bas. Asha comprend que cela veut dire non.

– Si seulement tu pouvais m'aider à réaliser les rêves de ma famille..., soupire-t-elle.

La jeune fille lui montre ensuite une page de son journal intime, sur laquelle elle a dessiné les bulles de vœu enfermées dans l'observatoire de Magnifico. Star enroule alors le fil du pyjama en pelote, et la confie à Asha. Puis l'être doré tire un bout du fil en direction du château.

L'adolescente comprend que l'étoile compte l'aider à récupérer les vœux de sa famille pour les leur rendre. Formidable !

Star se met en route, Asha et Valentino à sa suite.

Dans son bureau, le Roi Magnifico consulte ses ouvrages afin de trouver une explication à l'apparition de cette étrange lumière.

– De quoi s'agit-il ? Qui a manigancé ceci ? grogne-t-il, furieux. Pourquoi est-ce que je ne trouve aucune information dans ma bibliothèque ?

Son regard se pose sur le Livre interdit. Alors qu'il se dirige vers lui, Amaya lui fait part de ses craintes.

– Tu dis toujours que la magie interdite ne mène nulle part, lui rappelle-t-elle.

– Un roi doit être prêt à tout pour protéger son royaume, riposte-t-il.

La reine essaie de tempérer son mari et lui suggère de d'abord consulter son peuple. Après tout, il est un roi aimé et respecté par ses sujets. Magnifico lui sourit, reconnaissant des précieux conseils de son épouse.

Chapitre 5

Mission au château

De son côté, Asha vient de s'introduire dans le château. Pour éviter que l'étoile magique et le chevreau doué de parole ne se fassent remarquer, elle commence par les cacher dans le poulailler.

Ici, ses deux compagnons seront en sécurité le temps qu'elle élabore un plan. Ainsi, Valentino veillera sur Star, pendant qu'elle ira parler à son amie Dahlia.

– Je suis sûre qu'il doit y avoir un moyen d'entrer discrètement dans le bureau de Magnifico... et ce, sans se faire repérer !

La jeune fille se rend ensuite dans les cuisines pour interroger Dahlia. En effet, Asha se demande comment les repas sont acheminés vers le bureau du roi.

Au moment où son amie s'apprête à répondre, des bruits étranges se font entendre dans le poulailler. La cuisinière s'étonne : que peut-il bien se passer ? Quand elle se tourne vers Asha, cette dernière fait mine de ne rien avoir entendu.

Mais, alors que le bruit s'amplifie, tous leurs amis arrivent… La jeune fille est contrainte de dire la vérité :

– Très bien, se résout-elle. Hier soir, j'ai adressé un vœu à une étoile… et elle m'a répondu.

Pour le prouver, elle ouvre la porte du poulailler. C'est là qu'elle surprend Valentino en train de diriger un ballet de poules qui dansent en rythme !

Dahlia et les autres restent médusés lorsque Star apparaît à son tour. Tandis qu'Asha fait les présentations, l'étoile examine avec soin chaque personne.

En s'approchant de Simon, l'être brillant le regarde avec tristesse : il comprend que le jeune homme a déjà confié son vœu à Magnifico.

– Suis-je le seul à penser que tout ceci va très mal finir ? proteste Gabo.

Soudain, les trompettes royales retentissent, appelant le peuple à se rassembler. Asha implore ses amis de ne pas révéler la présence de Star au roi. Pendant que tout le monde se rend dans la cour du château, Dahlia prend Asha à part :

– Tu ne nous as pas tout dit. Que me caches-tu ?

La jeune fille raconte à son amie son entretien avec Magnifico, ainsi que son intention de restituer leurs vœux à sa famille.

– C'est d'accord, je vais t'aider, assure Dahlia. Les repas parviennent au bureau du souverain par ce monte-plats, ajoute-t-elle en désignant une porte au mur.

Asha remercie la cuisinière, puis se glisse à l'intérieur avec Valentino et Star.

Une fois dans le bureau, le trio se faufile dans l'observatoire à la recherche des vœux. Malheureusement, chaque bulle est masquée par une brume opaque.

Impossible de voir ce qu'elles englobent. Par chance, Star a la solution. La créature dorée touche une sphère, révélant le souhait qu'elle contient ! Pour l'aider, Asha lui montre les portraits de Sabino et Sakina qu'elle a dessinés dans son journal. Grâce à ces images, Star part en quête de leurs vœux.

Pendant ce temps, dans la cour, Magnifico s'adresse à la foule, expliquant à ses sujets que l'étrange lumière qui s'est répandue dans le royaume n'a jamais été autorisée !

– Quelqu'un a osé défier la loi et utiliser la magie, nous mettant tous en danger ! Cette personne sera arrêtée et punie.

Voyant que son discours touche à sa fin, Dahlia lui pose des questions, afin de gagner du temps pour Asha. Elle est bientôt imitée par d'autres habitants, qui s'inquiètent pour la préservation de leurs vœux.

Une personne de la foule suggère même au souverain d'exaucer plus de souhaits. Selon elle, cela apaiserait les tensions…

– C’est d’accord, consent Magnifico. Celui ou celle qui démasquera le traître verra son vœu accompli !

Après cette conclusion, le roi quitte rapidement la cour et s’engouffre dans le château.

– Comment ont-ils osé m’interroger de la sorte ! rage-t-il, furieux de l’ingratitude de ses sujets.

Pour se calmer, il s’arrête devant son miroir magique. Là, tout en s’admirant, il se plaint qu’il est difficile d’être un souverain puissant et séduisant.

Et, lorsque son reflet lui retourne le compliment, Magnifico retrouve immédiatement le sourire.

Chapitre 6

Le Livre interdit

Dans l'observatoire, Star a trouvé la bulle de vœu de Sabino ! Mais, avant que l'être doré ait pu dénicher celle de Sakina, Asha et Valentino entendent Magnifico approcher. Vite, ils se cachent en catastrophe avant l'arrivée du souverain.

Résolu à protéger son pouvoir, le roi s'empare du Livre interdit. Tandis qu'il le feuillette, une sinistre lueur verte s'élève des pages. Voyant Magnifico absorbé par l'ouvrage maléfique, Asha, Valentino et Star se faufilent discrètement jusqu'au monte-plats.

Alors qu'ils prennent place à l'intérieur, Asha observe avec inquiétude la magie entourer Magnifico...

La jeune fille se hâte de rapporter chez elle le souhait volé. Si Sakina est surprise de rencontrer Star et d'entendre Valentino parler, Sabino, lui, est stupéfait d'avoir sa bulle de vœu entre les mains.

– Tu peux faire en sorte que ton plus grand souhait s'accomplisse, commence Asha. Il n'est pas dangereux, on t'a menti...

– Je n’aurais jamais dû le confier à Magnifico, concède Sabino. Ceci m’appartient.

Alors qu’il touche la bulle, son vœu brille et retourne dans son cœur. Sabino rit à travers ses larmes, tandis que la mémoire lui revient. Son souhait est de jouer de la musique, il s’en souvient, maintenant.

Tout à coup, Magnifico ouvre la porte de leur maison d’un violent coup de pied. D’un geste vif, Valentino attrape Star et tous deux se dissimulent dans un coffre.

– Asha, tu as été dénoncée, tonne le roi. Tu as arraché une étoile du ciel et tu l’as utilisée pour me voler ! Voici le châtiment que tu mérites.

Il brandit la bulle de vœu de Sakina et l’écrase, faisant hurler de douleur la mère d’Asha. Il absorbe ensuite l’énergie du vœu, laissant une onde de pouvoir l’envahir. Furieux, il se tourne alors vers la jeune fille avant d’être arrêté par Star, qui lui jette une pelote de laine à la tête.

Asha profite de cette diversion pour renverser un meuble sur le roi et s'enfuir avec sa famille, Valentino et Star.

Ils atteignent le rivage et sautent dans une barque. Grâce à sa magie, Star les fait avancer jusqu'à un îlot. Devant la souffrance de sa mère, Asha se sent terriblement coupable.

– Je nous ai tous mis en danger, se désole-t-elle.

– Non, murmure sa mère. Tu avais raison, c'est Magnifico qui est une menace pour nous.

Asha sait ce qu'il lui reste à faire. Elle demande à Sakina et à Sabino de rester cachés sur l'îlot, puis elle plonge dans l'eau.

– Je suis responsable de cette situation, c'est à moi de tout arranger ! crie la jeune fille.

Accompagnée de Valentino et de Star, elle nage alors vers le château.

Toujours fou de colère, Magnifico s'est réfugié dans son repaire secret, où il écrase les bulles de vœu de trois des citoyens qui lui ont posé des questions dans la cour. Il utilise l'énergie des souhaits brisés pour créer un sceptre magique, surmonté d'un miroir en losange.

Quand la reine le retrouve, le roi lui présente son nouveau bâton en frappant le sol. Une lumière verte envahit son corps et son visage.

Magnifico se met alors à blâmer Asha : il faut qu'il l'arrête, sinon elle détruira Rosas.

– Elle voulait simplement récupérer les vœux de sa famille, tente de la défendre Amaya.

– Serais-tu sa complice ? l'interroge le souverain en pointant son sceptre sur elle.

Sous la menace, la reine, terrifiée, assure qu'elle est d'accord avec lui : il faut protéger le royaume. Satisfait, Magnifico baisse son arme.

Chapitre 7

Trahison et alliances

Le souverain convoque à nouveau ses sujets dans la cour. Ceux dont les vœux ont été écrasés se tiennent sur l'estrade, accablés de douleur.

– Asha a détruit leurs souhaits ! annonce un garde.

La foule est choquée par cette accusation. Les amis de la jeune fille ont du mal à y croire, surtout Dahlia.

– Elle est dangereuse, assure Magnifico. Elle s'est alliée avec une étoile dans le but d'anéantir vos vœux. Heureusement, l'un d'entre vous a eu le courage de venir nous voir et de la dénoncer !

Un rideau s'ouvre, révélant Simon.

Au loin, revêtue d'une cape pour dissimuler son identité et tenir cachés Star et Valentino, Asha s'est mêlée aux spectateurs. Même si la trahison de son ami la blesse, elle se concentre sur son objectif : sauver les vœux de l'emprise de Magnifico. Soudain, elle remarque une expression de peur sur le visage de la reine. Amaya a toujours soutenu Asha. Aussi la jeune fille demande-t-elle à une souris de lui porter un message.

Sur l'estrade, Magnifico vient d'honorer sa promesse en exauçant le vœu de Simon : devenir un chevalier courageux et loyal. Une vague de magie verte s'empare du jeune homme, tandis qu'une armure recouvre son corps.

– Il y a six autres traîtres, Votre Majesté, déclare-t-il, hypnotisé. Dahlia, Gabo, Dario, Safi, Hal et Bazeema !

Les spectateurs se tournent vers eux, mais les adolescents ont disparu. Asha les aperçoit se faufiler dans un couloir et les suit jusqu'à la cachette de Bazeema.

– Asha, dis-moi que tu n'as pas détruit ces vœux, la supplie Dahlia.

– Bien sûr que non, se défend la jeune fille. C'est Magnifico le responsable ! Je l'ai vu écraser le vœu de ma mère.

Comme ses amis ont toujours du mal à la croire, Star remplit des lampes de sa poussière brillante. Asha projette des ombres sur le mur, afin de leur raconter les méfaits du roi. Convaincus, ses amis jurent alors de l'aider à arrêter Magnifico.

La Reine Amaya apparaît à son tour.

– Le pouvoir de Magnifico est devenu extrêmement dangereux, déclare-t-elle.

Le souverain a l'intention de s'emparer de l'étoile, car il compte s'approprier sa magie pour son propre usage.

Asha est sûre que Star refusera de quitter Rosas tant que tous les vœux ne seront pas libérés. C'est pourquoi elle élabore un plan...

Quelques minutes plus tard, Amaya signale au roi que la jeune fille a été aperçue dans la forêt. La croyant sur parole, Magnifico se lance à sa poursuite.

Loin du château, Asha se tourne vers Star :

– Retourne dans l'observatoire avec les autres et libérez les vœux, lui demande-t-elle. Pas seulement ceux de ma famille, mais ceux de tous les habitants ! Je me charge de retenir Magnifico ici.

Pour qu'elle puisse se défendre, Star ramasse une brindille et lui crée une baguette magique. La jeune fille s'en sert alors pour envoyer des feux d'artifice, afin d'attirer l'attention du roi. Lorsque ce dernier galope dans sa direction, Asha saute dans un chariot et tente d'utiliser sa baguette pour repousser son poursuivant. Elle rate son coup, et une robe apparaît sur le tronc d'un arbre voisin !

Chapitre 8

La libération des vœux

Au même moment, dans le château, Amaya et Dahlia parcourent les pages du Livre interdit, cherchant le moyen de contrer le pouvoir du souverain.

– Aucun métal ne peut briser son sceptre, lit Amaya. Aucun sortilège ne peut entraver sa magie !

– Impossible de revenir en arrière, se désole Dahlia. Il est trop tard pour sauver le roi de la magie maléfique…

Si elles ne peuvent rien faire pour secourir le souverain, il ne leur reste donc plus qu'à tenter de sauver les vœux.

De son côté, Star se trouve dans l'observatoire avec Valentino, Gabo, Safi, Dario, Hal et Bazeema. Leur objectif est d'ouvrir le toit, afin que l'étoile puisse guider les vœux au-dehors.

– La reine nous a conseillé d'utiliser les poulies géantes, rappelle Safi.

Comme ces dernières sont hors d'atteinte, Star utilise la magie pour hisser Valentino et les autres jusqu'au plafond. Une fois en haut, ils tirent sur les cordes, mais ne parviennent qu'à entrouvrir les panneaux du toit.

Heureusement, Valentino a une idée :

– Saisissez chacun votre corde et sautez pour faire contrepoids, indique-t-il.

– Tu as raison, approuve Gabo. Pour Rosas !

Lui et ses compagnons s'accrochent fermement aux cordes, puis plongent vers le sol, permettant au toit de s'ouvrir. Star n'a plus qu'à guider les bulles de vœu dans le ciel nocturne.

Depuis leur îlot, Sakina et Sabino assistent, stupéfaits, à l'envol des vœux.

– Asha les a libérés ! s'exclame le vieil homme.

– Elle a réussi, se réjouit Sakina.

Tous deux sautent dans leur barque et rament en direction du royaume.

Dans la forêt, Magnifico rattrape Asha, percute son chariot et la renverse. Puis il casse sa baguette magique ! Cependant, la jeune fille ne craint plus le roi : elle a vu les bulles de vœu s'envoler au-dessus de la tour.

– Vous ne pouvez plus nous arrêter, triomphe-t-elle. Il est trop tard !

De la magie verte entoure soudain son adversaire, dont l'apparence se transforme, révélant… Simon !

– Pour Magnifico, il n'est jamais trop tard, fanfaronne le jeune homme envoûté.

À cet instant, Asha comprend qu'elle est tombée dans le piège du véritable roi, qui est resté au palais. Désespérée, la jeune fille tente de partir, mais Simon lui bloque le chemin. C'est alors qu'un ours surgit et attaque le chevalier ! La jeune fille remercie l'animal, avant de s'enfuir sur le cheval de Simon.

Dans la cour du château, les habitants de Rosas découvrent Star qui tourbillonne parmi les souhaits libérés. Au moment où l'étoile s'apprête à guider les bulles de vœu vers leurs propriétaires, un éclair de lumière verte les retient.

– Surprise ! jubile Magnifico.

Quand il frappe le sol de son sceptre, le plancher de la pièce sur laquelle il se tient s'élève dans les airs.

En contrebas, Amaya refuse d'être sa complice.

Révoltée, la reine crie au peuple de Rosas que c'est le roi, le véritable traître !

Pour la faire taire, Magnifico la vise avec son bâton. Heureusement, les amis d'Asha rattrapent la reine au moment où elle tombe à terre.

Star profite de cette diversion pour libérer les vœux de l'emprise de la magie malfaisante. Hélas, Magnifico abat une nouvelle fois son sceptre, faisant retomber les bulles sur le sommet de la tour. Il emprisonne ensuite l'étoile dans un faisceau de lumière verte.

Chapitre 9

Le chœur de Rosas

Asha, qui a chevauché aussi rapidement qu'elle a pu, arrive enfin au château.

– Star ! s'époumone-t-elle.

Dès que Magnifico la voit, il lance un rayon de lumière verte autour d'elle. Il resserre sa prise sur la jeune fille et l'étoile, les tirant vers lui. Les deux amies échangent un regard désespéré, désarmées face à cette magie dévastatrice. D'un mouvement triomphant, le roi frappe le sol de son sceptre, absorbant Star dans le miroir se trouvant à l'extrémité du bâton.

– Non ! crie Asha.

Magnifico rayonne désormais d'une intense puissance. Sa terrifiante image apparaît, victorieuse, sur toutes les surfaces réfléchissantes du royaume.

Le roi relâche brutalement Asha et se penche vers elle en ricanant de satisfaction :

– On dirait bien que j'ai gagné, se vante-t-il.

Mais la jeune fille refuse d'abandonner. Elle se jette sur le souverain pour s'emparer de son sceptre.

– Laissez partir Star ! ordonne-t-elle.

– Jamais ! réplique Magnifico en lui reprenant son arme et en la repoussant.

Puis il frappe Asha d'un formidable éclair de magie, la précipitant au sol.

Non loin de là, Sakina et Sabino arrivent sur les quais. Pressentant un malheur, ils se hâtent vers le château.

Scrutant le ciel, Asha tend une main tremblante vers les étoiles.

– Oh, non ! Pas de ça ! vocifère Magnifico. Il n'y aura plus de vœux adressés aux étoiles, c'est terminé !

D'un geste ample, il fait surgir un nuage noir qui masque le ciel.

– Il n'y aura plus non plus d'espoir, de rêves ou d'échappatoires !

Des rayons de lumière verte émergent du château et envahissent la cour. Ils rampent à travers la foule, enserrant chaque sujet dans leurs griffes.

Amusé, Magnifico observe Asha ramper péniblement sur le toit.

– Tu n'es plus rien ! rugit-il, la frappant d'un autre éclair de magie.

La jeune fille regarde en contrebas sa famille et ses amis, rassemblés dans la cour.

– C'est faux, balbutie-t-elle. *Nous... sommes... des étoiles !* commence-t-elle à chanter.

Ivre de sa puissance, Magnifico ne remarque pas la faible lumière dorée qui émane du cœur d'Asha.

Mais Dahlia, elle, la voit. Quand la voix de son amie s'éteint, la cuisinière prend la relève. Bientôt, les adolescents et Amaya l'imitent. Peu à peu, leurs cœurs s'illuminent à leur tour d'une lueur dorée.

Surpris, Magnifico lance une attaque sur les chanteurs, mais sa magie rebondit sans les blesser. De plus en plus de personnes se joignent au chant d'espoir, leurs cœurs irradiant à présent de lumière.

Ébloui, Magnifico recule en titubant. La lumière finit par atteindre son sceptre, qui commence à vibrer. Le roi tente de le stabiliser, mais le bâton lui échappe, comme si Star en avait pris le contrôle depuis l'intérieur !

Asha puise dans ses dernières forces pour chanter avec les autres. Le chœur des habitants anéantit la magie verte et malfaisante. Se tenant par la main, le peuple de Rosas chante d'une seule voix. Les vœux qui étaient tombés au sol s'élèvent à nouveau dans les airs. Même les bulles que Magnifico avait absorbées quittent son corps !

Chapitre 10

La naissance d'une fée

Les lueurs brillant dans les cœurs des habitants éclairent le royaume assombri, comme des étoiles dans la nuit. Alors que leur chant s'achève, une puissante explosion de lumière finit de dissoudre le nuage noir créé par le roi.

Tout à coup, Star jaillit hors du sceptre magique, et Magnifico, dans un hurlement perçant, est absorbé à l'intérieur du miroir ! Quand le bâton retombe sur le sol, les dernières particules de magie verte disparaissent sous les acclamations de la foule.

Star tourbillonne joyeusement, renvoyant chaque vœu dans le cœur de son propriétaire. Rosas déborde d'allégresse ! La bulle de Sakina vole aussi vers elle.

– Te revoilà, murmure-t-elle, le cœur empli d'amour.

Bientôt, Asha rejoint ses amis pour une étreinte collective. Seul Simon manque à l'appel. Il se traîne dans la cour, son armure tombant en poussière.

– Regardez qui se réveille enfin, ironise Valentino.

Le jeune homme présente ses excuses à Asha.

– Je ne voulais pas vivre sans mon vœu. J'ai cru ce que me promettait Magnifico, avoue-t-il, embarrassé.

– Tout comme moi, renchérit la Reine Amaya.

– Il nous a tous trompés, ajoute Asha, avec un sourire compréhensif.

Une voix les interrompt. Le roi, piégé dans le miroir du sceptre, ordonne d'être relâché !

Amaya refuse aussitôt sa demande !

– Après tout ce que j'ai fait pour Rosas, voilà comment je suis remercié ? s'énerve Magnifico.

– Voici le seul remerciement que tu mérites ! riposte son épouse.

Puis elle tend le miroir à un garde du château et lui ordonne de l'accrocher à un mur du donjon.

– Longue vie à la Reine Amaya ! l'acclament Asha et les habitants de Rosas.

De son côté, Star a récupéré la baguette cassée et l'a réparée, lui attribuant encore plus de magie.

– Que suis-je censée en faire ? s'enquiert Asha en recevant l'objet.

– Tu pourrais devenir notre Fée Marraine, suggère alors Dario.

La jeune fille se met à rire, avant de s'apercevoir que son ami est sérieux.

– Nous avons confiance en toi, confirme Dahlia.

Les autres acquiescent, tout comme la petite étoile. Flattée et reconnaissante, Asha serre Star contre son cœur. Elle accepte son cadeau et promet d'apprendre à l'utiliser.

Star s'élève et tournoie alors avec enthousiasme au-dessus de la foule, répandant de la poussière magique sur Asha, ses amis et sa famille. Les étoiles brillent sur Rosas, le Royaume des Vœux, un endroit où tout est à nouveau possible !